稽古と茶会に役立つ

実践 取り合わせのヒント ⑤

写 真／小笠原敏孝 川本聖哉 大道雪代 宮野正喜
デザイン／キャスト・アンド・ディレクションズ
イラスト／木村明美

茶の湯ごよみ
5月

今月の歳事

風薫る五月、爽やかな初風炉《しょぶろ》の時季です。立夏を迎え、夏めいた行事も増えだします。

4月20日*

穀雨《こくう》

春の最後の節気。稲をはじめさまざまな穀物（百穀）を潤し、芽吹きを促す雨という意味。特にこの頃よく降るというわけではないが、春は全般に雨が多く、「春雨《はるさめ》」「菜種梅雨《なたねづゆ》」など色々な名称で呼ばれる。

5月2日* 八十八夜《はちじゅうはちや》

3日 憲法記念日
博多どんたく（～4日／福岡市内各所）

4日 みどりの日

5日 端午《たんご》 こどもの日
賀茂競馬《かもくらべうま》（京都市 上賀茂神社）

【八十八夜《はちじゅうはちや》】

立春から数えて八十八日目に当たる。「八十八夜の別れ霜」といって、この頃を過ぎると遅霜《おそじも》の心配も少なく、本格的な農事はじめの目安となる。唱歌『茶摘み』に「夏も近づく八十八夜」と歌われるように、茶摘みの時季でもある。

【葵祭《あおいまつり》】

下鴨（賀茂御祖《かもみおや》）神社・上賀茂（賀茂別《かもわけ》雷《いかづち》）神社の例祭で、国家の安泰が祈られる。その起源は欽明《きんめい》天皇の御代に遡り、最古の祭とされる。中古、単に祭といえ

5日*

立夏《りっか》

暦の上ではこの日から夏に入るが、北国ではようやく桜が咲く頃である。夏の到来が実感できるのはまだ先だが、陽射しの強さや爽やかな空気に夏の兆しが感じられる。

11日
長《なが》良《ら》川《がわ》鵜《う》飼《かい》開き（岐阜県 長良川）

第二日曜日
母の日

中旬
神田祭《かんだまつり》（千代田区 神田明神）
＊本祭は一年ごとの開催につき、2018年は行われません。

15日
葵祭《あおいまつり》（京都市 下鴨神社・上賀茂神社）
珠光《しゅこう》忌《き》

第三金曜日
土曜日
薪御能《たきぎおのう》（奈良市 興福寺）

第三金・土
日曜日
三社祭《さんじゃまつり》（台東区 浅草神社）

21日*

小満《しょうまん》

陽気盛んにして、万物が次第に長じ、天地に満つるという意味。まだ本格的な実りには至らずとも、畑では作物が順調に育っている。そんな農事の様子からきたことば。

ばこの祭をさした。斎王代《さいおうだい》、勅使《ちょくし》をはじめとする一行は京都御所を発ち、下鴨神社で祭儀を行い、上賀茂神社へと向かう。その王朝風行列（路頭《ろとう》の儀）が新緑の下、古都を進むさまは典雅である。

【競馬】くらべうま

二頭の馬を馬場で走らせ、勝負を争う。元は五月五日の宮中行事で、寛治七年（1093）から上賀茂神社に移して行われるようになった。騎手（乗尻《のりじり》）の装束も官人が着たのと同様、左方は打毬楽《たぎゅうらく》、右方は狛鉾《こまぼこ》の舞楽装束である。近年は十頭五番立《ばんだて》で行われるが、第一番は「空走り」といって左方が勝つのが約束。

※記載の情報は、2018年3月現在のものです。「＊」は年により変動するため目安の日にち、大字は二十四節気、赤字は国民の祝日です。

季節のことば

毎月、日本の季節やこころをうつすことば、また銘に使いたくなるようなことばを紹介します。

※類は類語です。

薫風《くんぷう》

初夏、草木の緑を通して吹いてくる風。その爽やかな風は芳しい香りを運んでくる。「青嵐」よりも弱く、柔らかい風をいう。元は和歌で梅や桜の匂いをおこす春風や花橘《はなたちばな》の香りを送る夏の風などを「風薫る」といったが、連歌で初夏の風をさすようになった。また南風のこともいう。

類 風薫る《かぜかおる》／風の香《かぜのか》／南薫《なんくん》

青嵐《あおあらし・せいらん》

青葉の頃に吹きわたる、やや強い風。野山の梢を吹き通ってきた風には葉の青さをも感じさせる心地よさがある。ちなみに音読みは「晴嵐《せいらん》」と紛らわしいが、晴嵐は晴れわたった日に立ちのぼる山の気や山嵐をいう。

颯々《さっさつ》

風が吹きわたる音やそのさま、また雨の降る音をいう。謡曲『高《たか》砂《さご》』にも「相生《あいおい》の松風《まつかぜ》、颯々の聲ぞ楽しむ」と見える。

若葉雨《わかばあめ》

瑞々しい若葉に降りかかる初夏の雨のこと。明るい新緑の「若葉」に対し、「青葉」は深緑に近く、繁茂するさまをさし、「青葉雨」のことばもある。緑の濃淡がさまざまな様子を「青葉若葉」とも表現する。

類 青葉雨《あおばあめ》

卯の花垣《うのはながき》

空木《うつぎ》は初夏、真っ白い小花「卯の花」をたわわにつける。夏の到来を告げる花とされ、和歌ではその白さを雪や月光、白木綿《しらゆう》にも喩《たと》える。「卯の花垣」のことばどおり垣根にもよく植えられ、国宝の志野茶碗「卯花墻《うのはながき》」の銘は「山里の卯の花がきのなかつみち雪踏み分けし心地こそすれ」の歌に由来している。

騎射《うまゆみ・きしゃ》

五月五日の宮中行事で、天皇が武徳殿に出御し、射手が馬上から的を射るのを天覧した行事。早くに絶えたが、鎌倉時代以降も武芸として重んじられ、やがて端午の節句には「尚武《しょうぶ》」の意味から騎射の技が競われた。

類　馬弓《うまゆみ》／流鏑馬《やぶさめ》／笠懸《かさがけ》

武者揃《むしゃぞろえ》

武者、軍勢を揃えること。出陣前、兵が勢揃いした勇ましい光景が目に浮かぶことば。

薬玉《くすだま》

かつて宮中では五月五日の節句に、蒼朮《そうじゅつ》（朮《おけら》の根茎）をもぐさに包んで網に入れたものに五色の糸を垂らし、邪気払いの飾りとした。やがて麝香《じゃこう》・沈香《じんこう》・丁子《ちょうじ》などの香料を入れた袋に菖蒲《しょうぶ》・蓬《よもぎ》などを飾りつける形、さらに香料を造花で包んで鞠形とし、五色の糸を垂らす形となった。平安時代、宮中では群臣に賜り、貴族間では贈答に用いた。中国から伝わり、「長命縷」「続命縷」は漢名。

類　五月玉《さつきだま》／長命縷《ちょうめいる》／続命縷《しょくめいる》

菖蒲刀《しょうぶがたな》

端午の節句に菖蒲の葉を束ねて作った刀。男児が腰にさしたり、採物《とりもの》として持ったりした。後世は菖蒲の葉で柄を巻いた木刀を男児の初節句に飾った。

類 菖蒲太刀《しょうぶだち》／あやめ刀《あやめがたな》

昔男《むかしおとこ》

昔いたある男という意味だが、『伊勢物語』の多くの段が「むかし、おとこありけり」ではじまることから、在原業平《ありわらのなりひら》をさす。業平が東国に下る「東下《あずまくだ》り」の途次、杜若《かきつばた》の名所「八橋《やつはし》」にて歌（「唐《から》衣《ころも》」からはじまる歌。29頁参照）を詠むという第九段もこの句が出だしとなる。

一声《いっせい》

一つの音や響き。静寂の中に鳥のひと声が聞こえ、静けさが増すという情景も広がることば。初夏から仲夏には時鳥《ほととぎす》、秋冬は鶴などが思われる。時鳥は五月頃に南から渡ってきて、八、九月に帰る鳥で、鶯《うぐいす》や雁《かり》と同様に鳴声が愛でられる鳥。昔は誰よりも先にその初音《はつね》を聞こうと夜明かしすることもあり、暁《あかつき》や有明《ありあけ》の歌も多い。

もっと知りたい 季節のことば

【時候】

初夏　しょか・はつなつ
夏始　なつはじめ
首夏　しゅか
孟夏　もうか
夏来る　なつきたる
今朝の夏　けさのなつ
夏めく　なつめく
夏兆す　なつきざす
薄暑　はくしょ
麦の秋　むぎのあき
麦秋　ばくしゅう

【天文・地理】

南風　みなみ・なんぷう・はえ
若葉風　わかばかぜ
青葉風　あおばかぜ
麦の風　むぎのかぜ
麦嵐　むぎあらし
茅花流し　つばなながし
筍流し　たけのこながし
卯の花腐し　うのはなくだし
走り梅雨　はしりづゆ
梅雨の走り　つゆのはしり
卯波・卯浪　うなみ
青葉潮　あおばじお
鰹潮　かつおじお
代田　しろた

【動植物】

新緑　しんりょく
緑　みどり
若葉　わかば
青葉　あおば
桜若葉　さくらわかば
藤若葉　ふじわかば
柿若葉　かきわかば
楓若葉　かえでわかば
若楓　わかかえで
青楓　あおかえで
里若葉　さとわかば
山若葉　やまわかば
谷若葉　たにわかば
若葉寒　わかばさむ
若葉時　わかばどき
萌木　もえぎ
新樹　しんじゅ

使ってみたいことばやその意味、稽古や茶会で出会ったことばも書き込み、ご自身のメモとしてお使いください。

(例)百花王
牡丹のこと。
古来、その美を「花の王」として称える。
「穀雨」の末候(4月30日〜5月4日頃)が「牡丹華《はなさく》」となる。

青芝《あおしば》
草笛《くさぶえ》
竹落葉《たけおちば》
余花《よか》
葉桜《はざくら》
葉柳《はやなぎ》
夏柳《なつやなぎ》
岩藤《いわふじ》
庭藤《にわふじ》
花空木《はなうつぎ》
卯の花月夜《うのはなづきよ》
玉柏《たまがしわ》
富貴草《ふうきぐさ》
富貴花《ふうきばな》
百花王《ひゃっかおう》
二十日草《はつかそう》
名取草《なとりぐさ》
深見草《ふかみそう》

葵草《あおいぐさ》
賀茂葵《かもあおい》
両葉草《もろはぐさ》
挿頭草《かざしぐさ》
山時鳥《やまほととぎす》
初時鳥《はつほととぎす》
閑古鳥《かんこどり》
落し文《おとしぶみ》
初鰹・初松魚《はつがつお》
袋角《ふくろづの》

【暮らし・年中行事】

更衣《ころもがえ》
白重・白襲《しらがさね》
白衣《しらえ》
菖蒲の節会《あやめのせちえ》
重五《ちょうご》
軒菖蒲《のきしょうぶ》

菖蒲湯《しょうぶゆ》
薬狩《くすりがり》
神水《しんすい》
五月幟《さつきのぼり》
五月鯉《さつきごい》
武者人形《むしゃにんぎょう》
飾兜《かざりかぶと》
足揃《あしぞろえ》
駒比《こまくらべ》
駆馬《かけうま》
北祭《きたのまつり》
諸鬘《もろかずら》
代掻《しろかき》
田掻牛《たかきうし》
玉繭《たままゆ》
白繭《しろまゆ》
結夏《けつげ》
夏入《げいり》

取り合わせのヒント

5月

文／
10～25頁　小澤宗誠《おざわそうせい》（神奈川県・裏千家正教授）
26～33頁　本間宗寿《ほんまそうじゅ》（京都府・裏千家名誉師範）
34～43頁　榎本宗白《えのもとそうはく》（東京都・裏千家準教授）

意匠を知る　鯉《こい》

淡々斎好 荒磯棚

桐木地腰板に波の透かし彫りがあり、荒磯水指を置くと水指の波文が透けて見える。

表面

裏面

淡々斎好
青交趾荒磯水指
即全造

鮮やかな交趾水指で、波間に踊る鯉の意匠が表裏両面に見られる。

＝茶席に見る「鯉」＝

今月は「鯉」をテーマに取り上げてみます。きっとどなたも「ああ！　五月だからね」とお思いのことと推察いたします。そうです、お茶の趣向は季節はずれは困ります。季節に添っていることがまず重要であるといえるでしょう。

鯉と聞いて思い浮かぶ茶道具はいくつもあると思います。そのものズバリの鯉桶水指や鯉耳付花入など、そして何といってもよく目にするのは「荒磯《あらいそ》」でしょうか。裂地に荒磯緞子《あらいそどんす》、淡々斎好の荒磯棚に荒磯水指などが知られていますが、鯉が元気よく飛び跳ねている波間の景色を表したものです。

また鯉といえば、「鯉幟《こいのぼり》（登）」から五節句の一つ「端午《たんご》の節句」につながります。ご存知のとおり、男子の健やかな成長を願っての行事です。この連載では触れていませんが、おなじみ三月の「上巳《じょうし》の節句」

飴釉鯉耳花入

鯉を象った鯉耳は古く中国の銅器・青磁・染付の花入や杓立に見られ、日本でもこれを模して作られるようになった。

淡々斎好 鯉桶水指

鯉を生きたまま遠方に運ぶための桶を模したもの。鯉桶は空気穴の開いた一枚蓋だが水指には割蓋で好まれた。四方の穴は紐を通して天秤棒に吊るした名残であり、緒の荘り結びがほどこされる。

は女子のお祭りで、これも茶席の趣向として楽しく取り合わせができるはずですね。

　さらに、鯉が瀧を登って龍になるというおめでたい話から、「登龍門《とうりゅうもん》」としての取り合わせも広がります。このようなことから、縁起のよい鯉は多くの茶道具に取り上げられ、たくさんの好物《このみもの》も作られています。

「鯉」から広がる連想

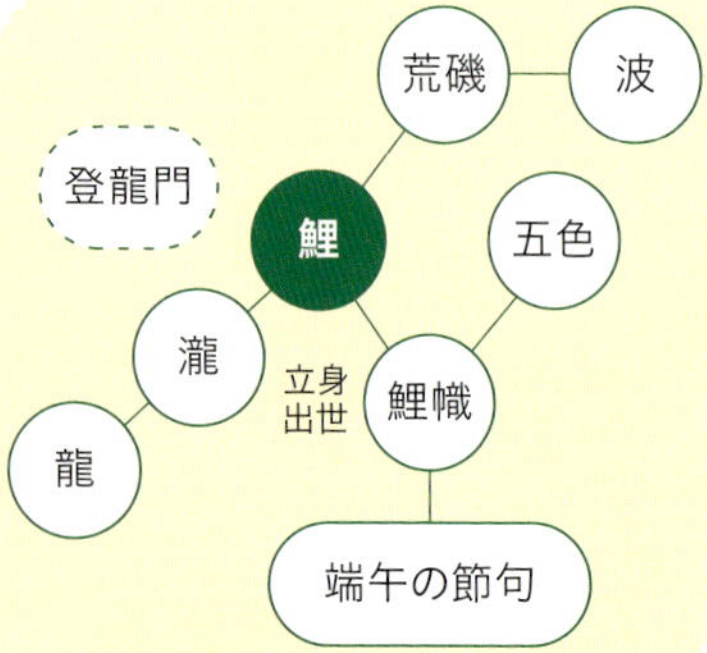

鯉口手付花入　竹朋斎造

鯉がぱっと口をあけたような口造りの籠花入。竹花入でもこうした鯉口の作が知られる。

鯉絵花入　磁州窯

中国河北省の磁州窯で焼かれた鉄絵花入。白化粧に透明釉を掛けた柔らかみのある白釉地に、鉄絵具を用いていきいきと鯉が描かれている。

関連する道具

淡々斎好 荒磯棚・荒磯水指

淡々斎好 幟鯉《のぼりごい》香合

鯉桶水指

（常叟好［黒］・淡々斎好［朱］・鵬雲斎大宗匠好［黒］）

桜鯉香合

（交趾《コーチ》／「型物香合番付」東方三段六位）

荒磯香合

（交趾／「型物香合番付」東方三段七位）

鯉桶香合

（染付／「型物香合番付」西方五段十五位）ほか

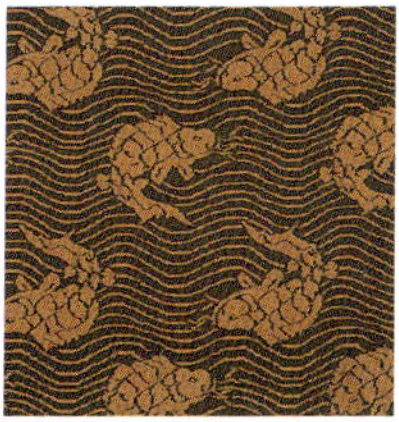

荒磯緞子

関連することば

▼**六六魚《りくりくぎょ》・六六鱗《りくりくりん》**……いずれも鯉の異名。身の側面におよそ三十六枚の鱗《うろこ》が一列に並んでいることからの名称。

▼**幟《のぼり》・五月幟《さつきのぼり》・菖蒲幟《あやめのぼり》・鍾馗幟《しょうきのぼり》**……端午の節句に男子の出生を祝って立てる幟で、家紋や武者・鍾馗などの絵が描かれている。初節句に立てるのを「初幟《はつのぼり》」という。

▼**鯉幟・五月鯉《さつきごい》**……布や紙で大きな鯉の形に作った幟。立身出世の象徴として、端午の節句に立てる。江戸中期、武士階級が兜《かぶと》・薙刀《なぎなた》・毛鑓《けやり》・幟などを家の前に立てて飾ったのに対し、町人階級が戸外に立てたという。

▼**矢車《やぐるま》**……車輪の中に矢羽を組み込んで飾ったもので、幟の竿の先につける。風を受けて回り、時に音を立てる。

▼**吹流《ふきながし》・吹貫《ふきぬき》**……元は戦陣に用いる旗の一種。これを模して、輪に紅白や五色の長布を付したものを鯉幟の上部につける。江戸時代には幟と共に家の前に立てたという。

テーマを考える

【一】端午《たんご》の節句《せっく》

小澤宗誠

茶席のテーマとなる歳時記・故事・物語から
五月にちなむ四題を紹介します。
それぞれに登場するキーワードを知り、
取り合わせに活かしてみましょう。

＝テーマ解説＝

端午とは月の端《はじめ》の午《うま》の日ということで、毎月五日をさしていたのが、十二支を月にあてはめると午の月は五月に当たり（干支頭の子が十一月からはじまります）、午《ご》と五《ご》の音が通じることから五月五日をさすようになったという説があります。

端午の節句は日本では奈良時代からの行事のようですが、江戸時代以降、男子の節句として武者人形を飾ったり、身を守る武具の鎧《よろい》や兜を飾り、鯉幟を立てて健やかに勇ましく成長することを願ってお祝いします。

柏餅や粽《ちまき》もいただきますが、柏は新しい芽が出るまで古い葉を落とさないという縁起物として好まれています。また粽については、悲劇の英雄といわれる、中国・楚《そ》の屈原《くつげん》の話が知られています。屈原は王に信頼され仕えていましたが、ほかの官僚の妬みにより左遷されてしまい、国の未来を憂いて五月五日に汨羅《べきら》の川に身を投じてしまいます。屈原を慕う人々が、その身体が魚に食べられないようにと川に粽を投

キーワード Keyword

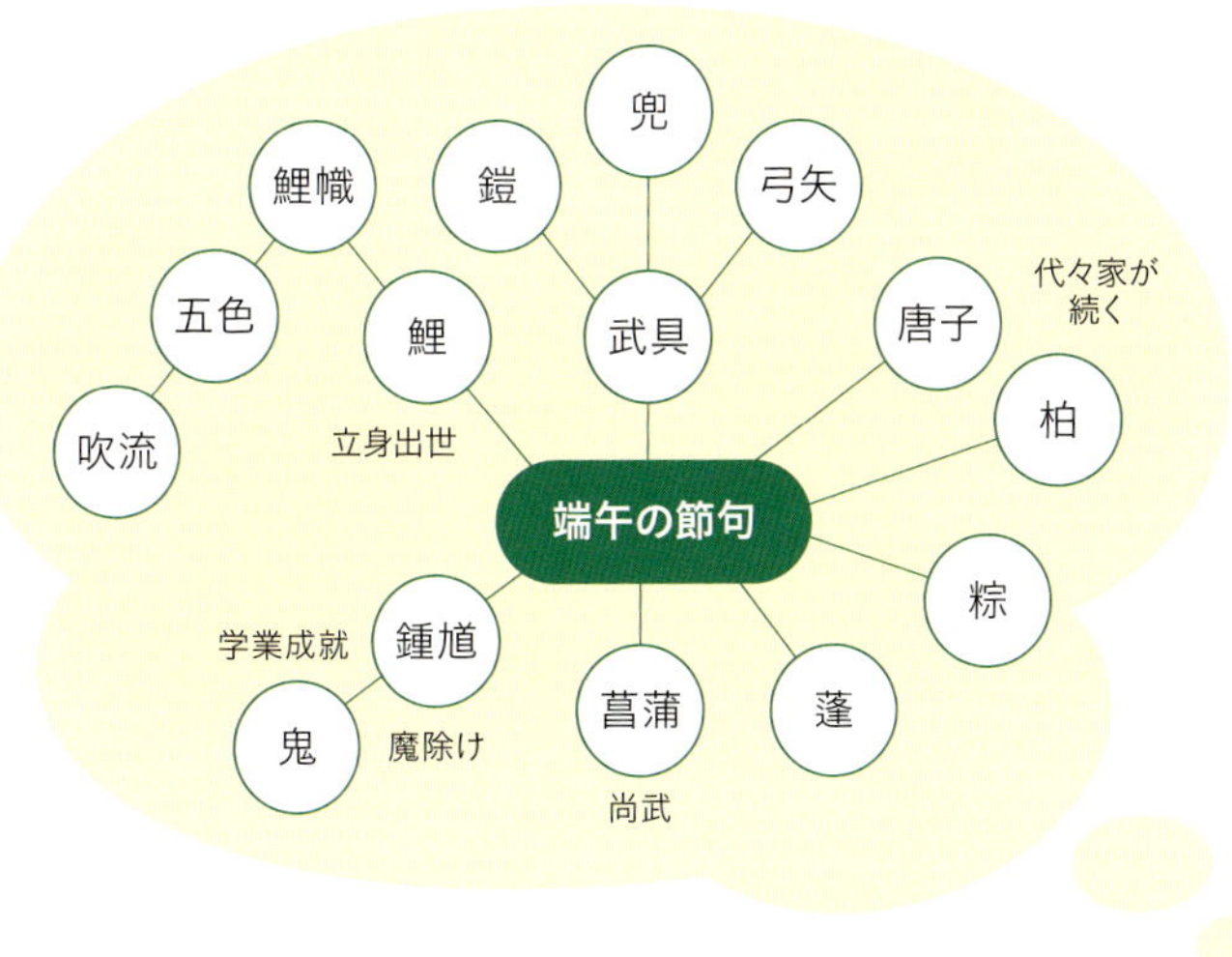

げ込んだという話から、五月五日に粽を供えることがはじまったといわれます。私も以前、この汨羅（中国湖南省）を偶然、車で通りかかったことがあり、ここが屈原が身を投じたところなのかと、しみじみと感じたことを思い出します。

また菖蒲《しょうぶ》や蓬《よもぎ》は邪気を避け魔物を払う薬草とされており、それらを軒にさしたり、菖蒲湯に入って無病息災を願うという風習もあります。さらに「菖蒲」は「尚武《しょうぶ》（武道や武勇を重んじる言葉）」や「勝負」に通じるともいわれています。中国では菖蒲酒も飲むそうです。

そして端午といえば思い浮かべるであろう鍾馗《しょうき》は、中国の道教の神様で、魔除けと学業成就を願ってその像が飾られます。

＝取り合わせのキーワード＝

薄茶席や待合に鍾馗様の絵などが掛かれば、まさに端午の節句。鍾馗は科挙の試験に落第し、それを恥じて自害し

吹流

五色彩線文鉢　川瀬竹志造

武具

乾漆兜香合　中川正斎造

たのですが、唐の初代高祖皇帝が手厚く葬ってくれました。その恩に報いるため、のちに六代玄宗皇帝の夢の中で大鬼となって小鬼を退治するという説話があります。ここから鍾馗と魔除け、学業成就が結びつくわけです。ということは、**鬼**も取り合わせにまじえてみても面白いかもしれません。

床には**鯉**耳付花入や**烏帽子**《えぼし》籠花入もよいでしょう。**兜**や**鯉幟**の香合が飾られれば、それだけでも男子の健やかな成長を願う心を感じます。きれいな色絵で作られた淡々斎好の五節句水指は、それぞれの節句を象徴した絵が描かれています。もちろん端午の節句には、**菖蒲**の絵を主にしてお使いください。そして鯉幟の一番上でたなびく**五色**の**吹流**は、さまざまな色の組み合わせですので、それを想像させるような色使いの道具は水指、薄器、蓋置などでも探せそうです。

またよく見かける中国風の髪型や衣服の「**唐子**《からこ》」は、可愛い男の子の絵です。昔から本来男の子がその家の跡継ぎとされ、男の子がたくさん遊んでいる様子から代々家が続いておめでたい、となるのです。女の子のような唐子の絵もあり

唐子

唐子絵茶碗

祥瑞蜜柑写　唐子絵水指　川瀬竹志造

ますが、あくまでも男の子の絵なのです。茶碗や水指、鉢などに探して使ってみてください。

男の子の節句ですので、建水の鎗《やり》の鞘《さや》をはじめ、さまざまな**武具**を連想させるような道具も合いそうです。水指や釜などに矢筈口《やはずぐち》というものもあり、これも武具の「**矢**」にちなみ、候補に入れてみてください。ところで、この「矢筈」という語は矢筈板などにも用いられていますが、実は矢の羽の形ではなく、弓の弦《つる》を受ける部分の名称ですので、お間違えなく。お菓子にはそれこそ粽や柏餅もふさわしいですね。

武具

写真上／矢羽文茶碗　吉向松月造
写真下／備前矢筈口水指

武具

弓矢結界　以鶴岡八幡宮流鏑馬的中板

武具

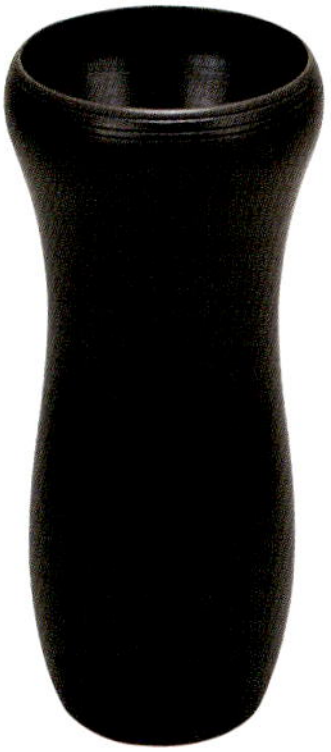

鎗の鞘建水
一ノ瀬宗辰造

粽

柏

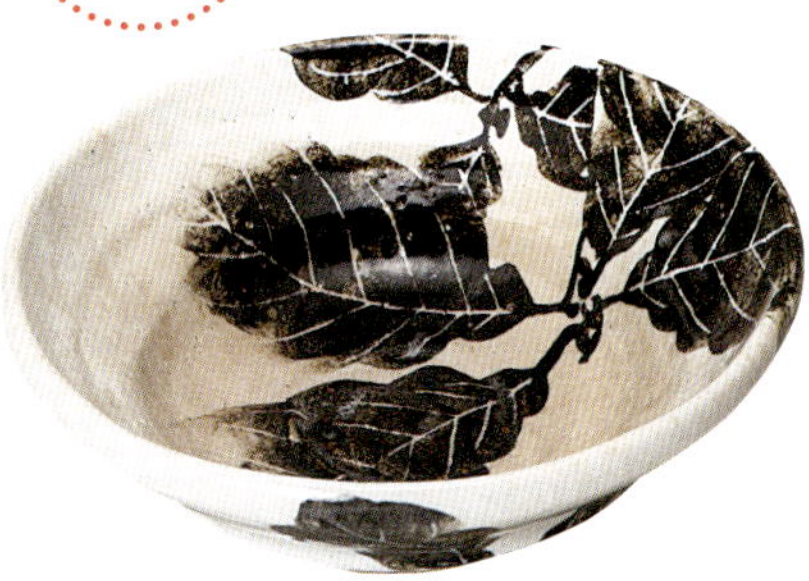

柏絵鉢　清水六兵衛造

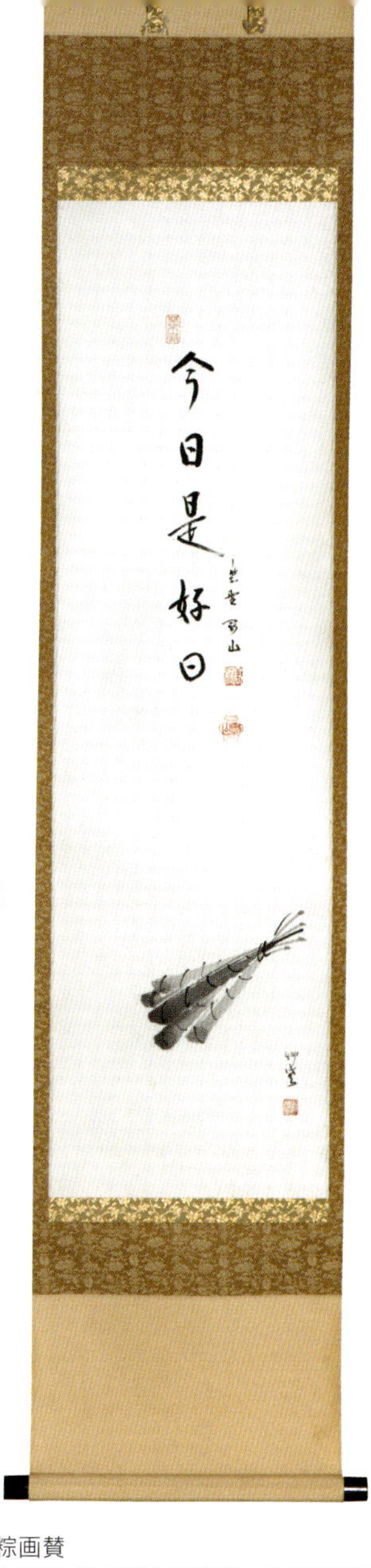

粽画賛
高桐院 松長剛山和尚筆　今日是好日

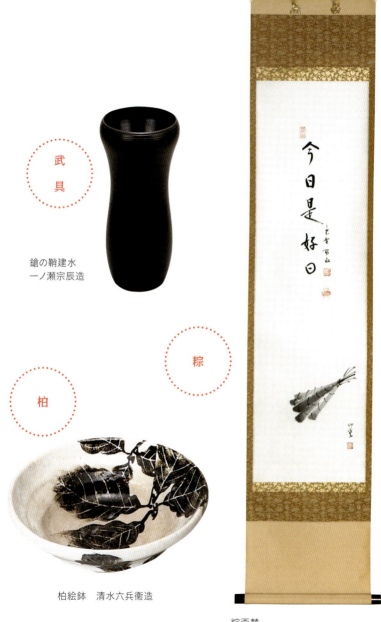

【二】登龍門《とうりゅうもん》

小澤宗誠

＝テーマ解説＝

中国北部を流れる黄河は、長江に次ぐ中国二番目の大河です。黄河は豊かな黄河文明を育む一方、古くから氾濫を繰り返す暴れ川でもあり、その治水は多くの人々の関心事になっていました。

時は古代中国、伝説上の天子である舜《しゅん》は、黄河の氾濫を抑えるよう鯀《こん》という人物に命じます。ところが鯀は失敗、その子の禹《う》が引き継ぐことになりました。そして禹は黄河の治水に成功し、舜から天子の位を譲り受け、中国最古の王朝である夏王朝を開いたといわれます。禹は治水工事の際、黄河上流の龍門山付近の川の流れを大きな鬼石と神石で三つに分けて切り落としたために三段の瀑布ができ、これを「禹門（龍門）三級」と称します。

もしこの瀧を登りきることができれば、その魚は雷で尾を焼かれ、頭上に角が生えて龍となり、雲を起こして天に昇るといわれています。そのため毎年三月三日、桃の花が開く頃

キーワード Keyword

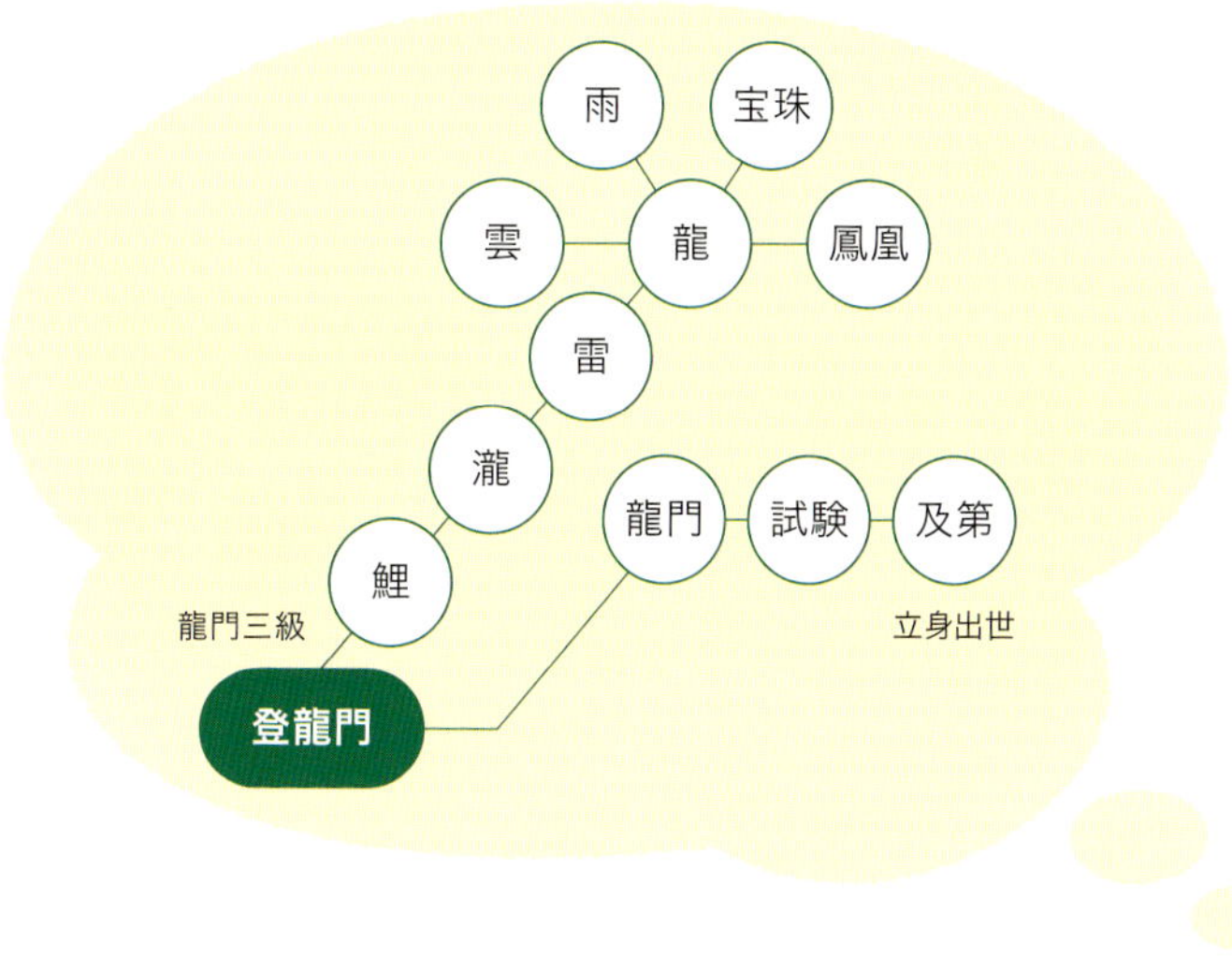

には多くの魚が黄河を上り龍門山下に集まり、龍門三級を登ろうとするというのです。ほとんどが失敗に終わるのですが、その中でも登りきれるのは鯉だけだとか…。

この伝説をふまえ、『碧巌録《へきがんろく》』の第七則の偈頌《げじゅ》には、次のようにあります。

江国春風吹不起　　江国の春風吹き起《た》たず
鷓鴣啼在深花裏　　鷓鴣《しゃこ》啼《な》いて深花裏にあり
三級浪高魚化龍　　三級浪高うして魚《うお》龍と化す
癡人猶汲夜塘水　　癡人《ちじん》なお汲む夜塘《やとう》の水

のちに中国では科挙の試験場の正門を龍門と呼び、及第して進士となったもの、さらに転じて出世の関門を「登龍門」というようになりました。茶の湯でも立身出世につながる瑞祥の意味として、端午の節句、出世祝、栄転の祝、また進学の祝などの趣向に使うことができると思います。

龍

萬暦赤絵写　龍文手付茶器　叶松谷造

雲龍

雲龍絵茶碗　叶松谷造

取り合わせのキーワード

龍は中国では皇帝のシンボルとされ、権威の象徴としてさまざまなものに描かれています。当然のことながら、中国の影響を受けた茶道具にも龍にまつわるものがたくさんあります。四神からすれば青龍、ほかにも黄龍、赤龍、白龍、黒龍さらに緑龍もあります。そういえば「黒龍」は福井県のお酒にありますね。私もいただいたことがありますが、おいしいお酒です。また中国明時代は特に赤が皇帝の色とされたので、赤龍は特別に扱われたと聞いています（俗説ですが、理由は皇帝の姓が「朱」さんだからといわれています。たとえば明初代皇帝・洪武帝《こうぶてい》は朱元璋《しゅげんしょう》といいます）。

また龍が手に握っている玉を龍玉・如意宝珠《にょいほうじゅ》などといいますので、宝珠も龍を意味した取り合わせに加えることができそうです。さらに雲に乗って天に昇る「雲龍」、雨を司り神の恵みを授ける「雨龍」というものにもつながり、瑞雲などの意匠や銘にそのような意味を込めることもできるのではないで

雲龍

雲龍釜

雲龍硯箱

しょうか。

そして龍と鳳凰は皇帝と皇后の象徴ともいわれており、しばしば対《つい》で描かれることもあります。鳳凰から龍を想像してもらうという考え方は、想像の膨らむ取り合わせにつながると思います。

さて、床の間にはそのものズバリ「三級浪高魚化龍」、または「龍翔」など、そして少し遠回しにいけば、「瀧」なども話をつなげるのにはよいのではないでしょうか。瀧は夏に掛けられることが多いのですが、このように考えれば使える範囲も広がりますね。

及台子《きゅうだいす》は進士試験の合格者が通過した及第門の形をしているとも、その合格免状を置いた台から形をとったともいわれていますので、意味からはちょうどよさそうです。どうぞ、さまざま組み合わせを考えて取り合わせを楽しんでみてください。ただ、今回もひとこと。くれぐれも趣向の重なり過ぎには注意して、お客様にすっきりと感じていただけますように。

及台子

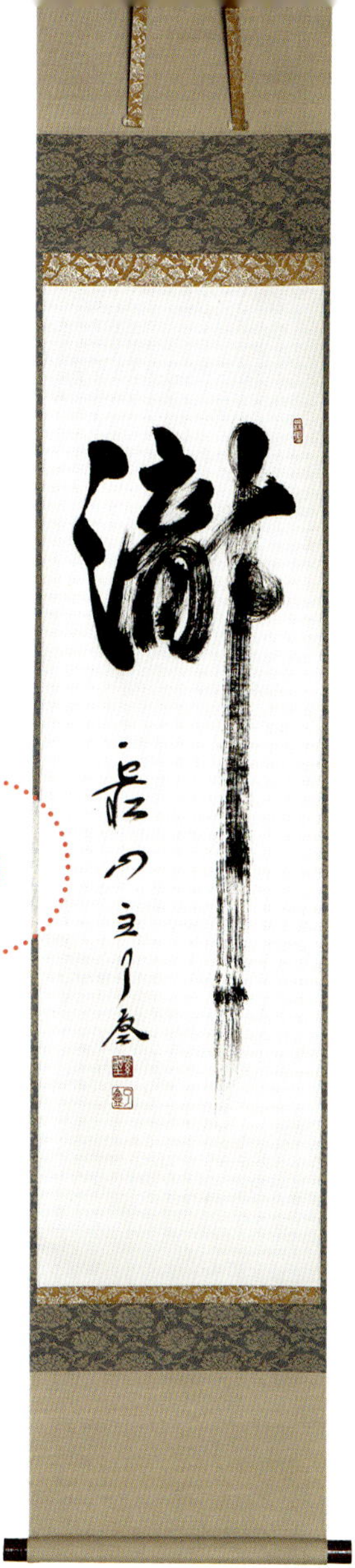

徳禅寺 橘宗義和尚筆　瀧

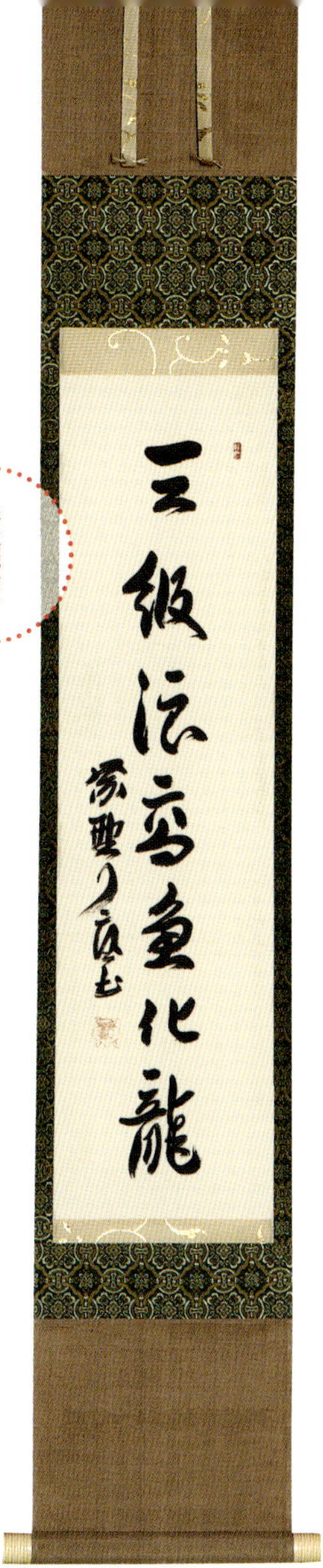

徳禅寺 橘宗義和尚筆　三級浪高魚化龍

【三】いずれが菖蒲《あやめ》、杜若《かきつばた》

本間宗寿

＝取り合わせのこころ＝

五月一日、昨年の朔日稽古の日のことです。稽古が終わり、平成茶室から出て宗家の大玄関に向かいますと、美しく葺き替えられたばかりの大屋根の上に、大きな菖蒲《しょうぶ》の枝と葉、そして蓬の葉を束ねたものが三つ。軒菖蒲にしばし見惚れました。「今夜のお風呂はきっと菖蒲湯ね」なんて、最近は見ることも少なくなった風景が嬉しく、友人たちと話し合いました。

男の子が一人もいない我が家では、端午の節句の武者人形のお飾りはなくとも、祖母と母が菖蒲や蓬を家の軒にさし込んでその夜は菖蒲湯にしてくれたものでした。軒菖蒲も、菖蒲湯も邪気を払うための昔からの慣わしです。

八橋

色絵八ツ橋茶碗
淡々斎箱　真葛香斎造

庭山耕園筆　栴檀菖蒲図

菖蒲《あやめ》

菖蒲《しょうぶ》

虫明　菖蒲画水指
坐忘斎家元箱　岡本英山造

重色紙杜若絵香合
淡々斎在判箱

杜若

五月になると、何といってもこうした菖蒲、また花では菖蒲《あやめ》、杜若などが主役になります。ほとんどが紫、黄、白の色目で姿かたちもよく似ています。古来「いずれが菖蒲、杜若」と申しまして、どちらも優れていて選ぶのが難しいことの喩えにされるほどです。古くは菖蒲《しょうぶ》のことを「あやめ」といったり、また「菖蒲」と書いて「しょうぶ」「あやめ」いずれにも読むため混同されやすいのですが、ショウブは葉の中ほどに黄緑の円柱状の花穂《かすい》をつけ、ほかの花とは趣が異なります。アヤメは花びらの網目文様が特徴で陸地に生え、カキツバタは湿地、ハナショウブはその間の半乾湿地を好むそうです。

また杜若といえば、『伊勢物語』を思い浮かべる方も多いでしょう。東国に下る途中、三河国八橋《やつはし》でのこと、在原《ありわらの》業平《なりひら》は沢のほとりに咲き乱れる杜若に心惹かれ、「かきつばた」の五文字を各句の頭に置いた、旅の歌を詠んでいます。

よく似た花の見分け方

五、六月に目にする機会の多い花々について整理しておきましょう。

・ショウブ（菖蒲／古名 あやめ・あやめぐさ）…水辺に生える。根茎に芳香があり薬用に、茎葉は菖蒲湯に使う。

・アヤメ（菖蒲・文目／古名 花あやめ）…山野などに自生。庭園にも好まれ、陸地に植えられる。花弁の基部に、網目（綾《あや》）状のよく目立つ文様がある。

・カキツバタ（杜若・燕子花）…湿地に自生し、池辺にも植えられる。花弁の基部に白い縦筋がある。花の汁を染料に用いた。

・ハナショウブ（花菖蒲）…園芸植物で、

から衣 きつつなれにし つましあれば
はるばるきぬる たびをしぞ思ふ

着物が身になじむように長年慣れ親しんだ妻が都にいるので、その妻を残したままこんなはるかな所にまで来た旅のわびしいことだ。

これに寄せた「八橋」の意匠（橋を組み合わせたもの）も、茶道具では目にする機会が多いものです。

ショウブとは別種。半乾湿地を好む。花弁の基部に黄色い目形文様がある。

・イチハツ（一八・一初・鳶尾）…中国原産で、中国絵画には古くから描かれた。花弁の基部に鶏冠《とさか》状の突起がある。

#【四】葵祭《あおいまつり》

本間宗寿

＝取り合わせのこころ＝

五月、初風炉です。初釜、大炉、釣釜、透木《すきぎ》…と続いてきた炉の稽古。ことさらに寒かった今年の炉の時季を名残《なごり》惜しく思いながらも初風炉を迎えますと、何か身体中が爽やかになる思いがいたします。「薫風自南来　殿閣生微涼（薫風《くんぷう》南《みなみ》より来《きた》り、殿閣微涼《でんかくびりょう》を生《しょう》ず／爽やかな初夏の風が南より吹き来り、宮殿に微かな涼しさが生まれる）」。ご宗家の五月朔日のお床です。今年も無事に初風炉を迎え、この軸を拝することができたと、初釜、炉開きともまた違う清《すが》しさを感じます。

さあ、初風炉の設《しつら》えはどうすれば初夏の感じが出るのでしょうか。その昔、五月に月釜を懸けさせていただくことになった時、「初風炉というのは、オーソドックスに道安の土風炉に真形《しんなり》の釜を懸けて、爽やかな席に設えるのが常道です」と、

檜扇

檜扇貝香合　淡々斎在判

御所車

御所車平棗
鵬雲斎大宗匠箱　一后一兆造

二葉葵

姫君
十二単

歌仙絵茶碗

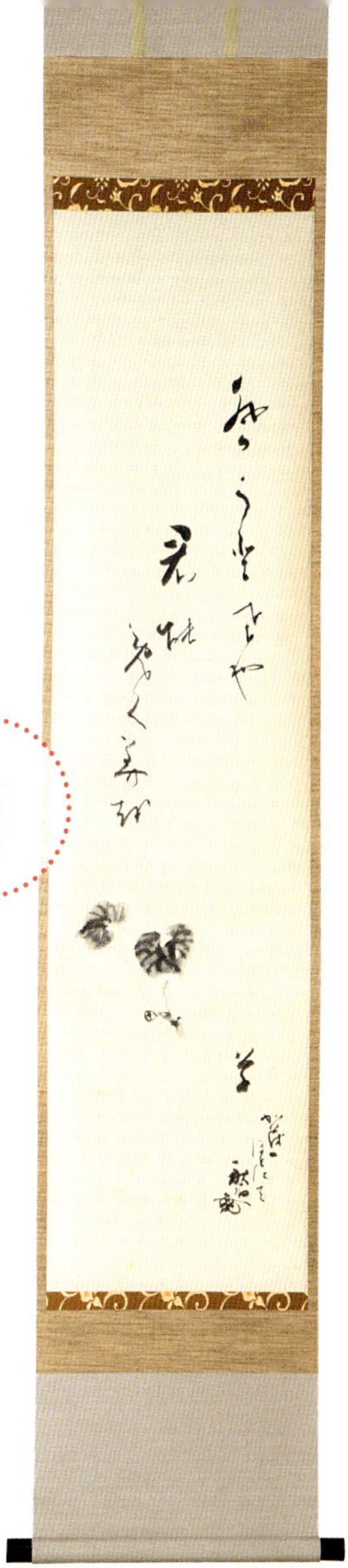

奥谷秋石筆　葵草画賛
とうとひや君のめくみを(葵)草

先輩方に助言をいただいたことを思い出します。今から四十年も前、背伸びの仕様もないほどの持ち道具で、考えることさえ難しい頃のことでした。釜を懸けるということは、自分自身に対するこれまでの確認でもあり、それ以上に忙しい中を馳《は》せ参じてくださるお客様に対してのお礼、そして今まで茶の道で育てていただいたことへの感謝でもあると思うのです。懸釜の当日、かつて住まいした金沢からも仲間が駆けつけ、助けてくれました。時しも京都は葵祭の当日です。

斎王代《さいおうだい》を擁して御所を出発した葵祭の行列は、まず下鴨（賀茂御祖《かもみおや》）神社へ。社頭の儀を終えられた行列は、賀茂街道を通って上賀茂（賀茂別雷《かもわけいかづち》）神社へと向かいます。数年前には万紀子様も斎王代を務められ、一年間、京都の大きな行事毎に貢献なさいました。徳川家は三つ葉葵がご紋ですが、葵祭では斎王代もその装束に、お乗りになる腰輿《およよ》はもちろん供奉《ぐぶ》する人々もみな頭や装束、牛車や持ち物すべてに二葉葵《ふたばあおい》の枝葉をつけて行列に臨みます。

お客様に教えられて

初風炉は爽やかであると同時に、気の引き締まるものでもあります。当時、懸釜を担当するに当たり、若輩の自分が釜を、しかも新しく発足する会の初風炉を担わせていただくとはあまりにも向こう見ずなことではないかしら、と感じていました。

そんな気持ちを今は亡き大先輩（学校茶道の指導を委ねてくださった須賀先生）に相談しますと、先生は「教えるということは一方通行ではないの。自分もまた生徒たちから教えられ、共に育ってゆくものよ。懸釜も同じこと。自分ができる精一杯のことをして、お客様に

かつて、賀茂斎院（斎王）として皇女がご奉仕されていた時代からその華麗な行列の人気は高く、『枕草子』には祭見物の様子が、『源氏物語』葵の巻には行列見物に出かけた葵上《あおいのうえ》と六条《ろくじょう》御息所《みやすどころ》が車争いを繰り広げる場面が描かれています。古い古い文献を読みながら、しばし昔の賀茂祭《かものまつり》の様子に思いを馳せております。

教えられ、一回ごとに育ってゆくものです」と諭《さと》されました。

誰もに最初というものがあり、だんだん慣れて学んでゆくものです、と背中を押してくださったことが、今も有り難く思い出されます。

鍾馗図

茶道具一つから取り合わせ二題

榎本宗白

中野其玉筆　鍾馗図

高嵩谷筆　鬼引き鍾馗図

鍾馗の姿

鍾馗は玄宗皇帝の伝説（42頁参照）以降、道教では魔除けの霊力を持つものとして信じられている。日本では端午の節句の幟に描いたり、五月人形にしたり、瓦製の像を飾ったりする。目が大きく、濃い髯《ひげ》を生やし、黒い衣冠に長靴を履いた姿で表されることが多い。抜き身の剣を持ち、小鬼を手につかんだり、足で踏んでいることもある。

では、「鍾馗図」を使って、
二つの趣向で
取り合わせてみましょう。

屋根にいる「鍾馗さん」

京都などでは、屋根の軒先に10～20㎝大の瓦製の鍾馗像が置いてあるのを見かけます。

昔むかし、京都三条の薬屋が立派な鬼瓦を葺いたところ、向かいの家の住人が突如原因不明の病になってしまいました。これを薬屋の鬼瓦に跳ね返った悪いものが原因と考え、鍾馗像を作らせて魔除けに据えたところ、病が完治したといわれています。現代でも鍾馗様に守られていると思うと身近に感じますね。

取り合わせ ①

5月の茶席で――「端午の節句」

寄付

床　中野其玉筆　鍾馗図

本席

床　鵬雲斎大宗匠筆　風来何處

花　花菖蒲

花入　古銅龍耳

香合　竹　淡々斎在判　正玄造

風炉　土

釜　棗　高木治良兵衛造

棚　淡々斎好　荒磯

水指　荒磯　真葛造

薄器　四君子棗　淡々斎在判

茶杓　淡々斎作　銘 武者揃

茶碗　相馬焼

蓋置　勝虫　横井米禽造

花見も落ち着き、新緑眩しい季節となりました。慣れ親しんできた炉も終わり、いよいよ初風炉となります。道具はもちろんのこと、花や設え、点前座などが変わるだけで炉の時とは違った趣となり、背筋が伸びる思いがします。

五月は五節句の一つ、端午の節句があります。中国では古来より五月は悪月とされていました。旧暦五月は歴史的にも天災や戦乱、疫病などの凶事が多く重なったようで、忌み慎む月でした。悪月悪日とされる五月五日には、邪気を払うために蓬で人形を作って門戸に掛けたり、菖蒲を浸した菖蒲酒を飲んだりしました。また、薬草摘みや「競渡」と称すボートレースなども行われ、これらが今に伝わる行事の起源となったようです。

寄付には端午の節句にちなみ中野其玉《なかのきぎょく》の鍾馗図を、本席には鵬雲斎大宗匠の「風来何處（風は何《いず》れの處《ところ》より来《きた》る）」を掛けました。花入は古銅龍耳に花菖蒲を活け、

香合は淡々斎在判の竹香合です。竹のようにまっすぐな子供の成長を祈って取り合わせました。

棚と水指は荒磯を据え、勢いのある鯉が瀧を登ると龍に化すという禅語「三級浪高魚化龍」をイメージして立身出世を表しました。棗は淡々斎在判の四君子《しくんし》棗。君子は徳と学識、礼儀を備えた人をさし、皆が君子になることを目指し、蘭・竹・菊・梅の四種の植物が持つ特長がまさに君子の特性と似ているところからのおめでたい姿です。茶杓は勇ましさあふれる淡々斎の銘「武者揃《むしゃぞろえ》」。茶碗の相《そう》馬焼《まやき》は馬の絵が多く描かれる焼物で、上賀茂（賀茂別雷）神社の競馬《くらべうま》にちなみました。蓋置は米禽《べいきん》の勝《かち》虫《むし》。蜻蛉《とんぼ》は後ろにさがることなく常に前進する虫で、別名を「勝虫」といいます。また、行った道と同じ軌道を通って戻るという習性もあります。「戦から無事に帰還する」という縁起のよい虫として兜の前立てなどに好まれ、あの前田利家も用いています。

取り合わせ ②

12月の茶席では――「年の暮」

床　中野其玉筆　鍾馗図

花　椿　木大角豆

花入　幻庵作　尺八　銘　千秋楽

香合　お福　九代大樋長左衛門造

釜　阿弥陀堂　古道弥造

炉縁　掻合

棚　一燈好　焼桐

水指　一燈好　振々

薄器　黒　平棗　赤地友哉造

茶杓　大亀老師作　銘　すゝはらい

茶碗　塩笥

蓋置　夜学

今度は鍾馗図を本席に掛けて、年の暮に寄せた設えにしてみました。どうして年末に鍾馗が出てくるのか、と声が聞こえてきそうです。

『天中記』という中国明代の百科事典には、次のような話が残っています。

唐の六代玄宗皇帝が熱病で床に臥していると、夢の中に小鬼が現れ大事な宝物を盗み去ろうとしました。するとどこからか破帽子・藍衣・角帽・朝靴（長靴）という身なりの大男が現れ、小鬼を退治してくれたのです。

男は終南山の鍾馗と名乗り、「かつて科挙試験に落第して自害しましたが、初代高祖皇帝に手厚く葬っていただきました。その恩に報いたく、鬼を退治し、国を安らかにするために参上しました」と話しました。目がさめると病はすっかり癒えており、喜んだ玄宗皇帝は、絵師の呉道子に夢でみた鍾馗を描かせます。そして、除夜には魔除けとして鍾馗

の姿絵を各家に貼るようにおふれを出しました。除夜は一年でもっとも陰の気が強く、墓から多くの鬼が出てくると考えられていたのです。

さて、そこで今回は床に鍾馗図を掛け、花入は野崎幻庵作の銘「千秋楽」に木大角豆《きささげ》と椿を活けました。香合は福を持ち越すようにとお多福を。点前座の一燈好焼桐棚は、その形から別名「鐘楼《しょうろう》棚《だな》」ともいわれ、除夜の鐘を想像させます。また、振々《ぶりぶり》水指はこの棚と共に好まれており、本歌は樂長入です。棗は赤地友哉《あかじゆうさい》の真塗の平棗に、大亀《だいき》老師の銘「すゝはらい」の茶杓を合わせました。茶碗は年の瀬の寒さの中、手の内に収まるような形の李朝の塩笥《しおげ》です。ぬくもりを感じながらいただくお茶は身も心もほっこりして格別です。

あわせて読みたい！（コラム「主客のかけ橋となる道具」は次頁へ）

取り合わせのヒント

リレーコラム⑤

主客のかけ橋となる道具

榎本宗白

茶席に自分自身の師や親しい友人、またはじめてお迎えするお客様を招くに当たり、テーマを設けてそれに基づき道具の取り合わせをすることはとても大事なことです。しかし、道具主体になり過ぎたり、趣向に寄り過ぎてしまうと、せっかくの取り合わせが頭でっかちになってしまいます。

そうならないように、お招きするお客様の顔を思い浮かべながら準備してはいかがでしょう。たとえば正客にお座りになる方の故郷の窯元や塗物などをリサーチして、一つでも取り合わせに組み込んでみると、お客様はよりお喜びになるかと思います。道具はあくまでも亭主とお客様との会話のかけ橋にならなくてはなりません。背伸びせず、身の丈にあった取り合わせで、主客一体になれるといいですね。

柔和な表情のお福香合は金沢の九代大樋長左衛門の作。彩色が珍しい。

茶の湯雑談
ちゃのゆぞうだん

茶人の噺《はなし》05

文／遠山記念館学芸課長　依田《よだ》徹《とおる》

高橋箒庵「茶室 白紙庵」

高橋箒庵《たかはしそうあん》（義雄）は近代の茶人の中でも、茶会の記録者として敬われている人物である。茨城県の水戸に生まれ、上京して福沢諭吉の下で『時事新報』の記者となり、その後は三井銀行に就職する。三井時代の特筆すべき功績が、三井呉服店をデパートへと改革する事業となる。王子製紙専務の後、箒庵は五十一歳で実業界を引退し、茶の湯三昧の生活に入った。益田鈍翁《ますだどんおう》らの茶会の常連であり、その内容を書き留めた『東都《とうと》茶会記』『大正茶道記』『昭和茶道記』は、近代東京の茶道界を知る上で欠かせない。また箒庵が編纂した茶入と茶碗の一大図録『大正名器鑑』は、近代茶道界の記念碑的存在となった。

さて、数寄者としての箒庵を象徴するのが、茶室「寸松庵《すんしょうあん》」である。「寸松庵色紙」で有名な佐久間寸松庵（真勝《まさかつ》）が、京都大徳寺に作った塔頭の茶室で、特に袖壁《そでかべ》の明かり窓の意匠が優れていることで知られていた。明治維新後、廃仏毀釈のあおりで寸松庵は取り壊され、その茶室は東京へ移築されていた。この寸松庵を一度は所持したものの、箒庵は再度人手に渡してしまっている。

その箒庵が四谷伝馬町の新邸に茶室を竣工したのが大正三年（1914）のこと、三月の八日より連日の席披き茶会を催した。茶室そのものは「寸松庵」を写した三畳台目でありながら、壁に大きな工夫があった。壁はすべて紙貼り付けで、それも微妙に異なる数々の白紙を、「西本願寺本三十六人家集」のように切り継いでいたのである。茶室の名前は「白紙庵」、藤村庸軒《ふじむらようけん》の「反古庵《ほごあん》」をもじった命名だろう。かねて角倉《すみのくら》家旧蔵の白紙の束を入手していた箒庵は、ほかに由緒のある白紙を博捜《はくそう》し、多種多様な白紙を揃えていた。さらに田中親美《たなかしんび》に相談して、この茶室を完成させたのである。

この噺《はなし》は、篝庵みずから「自茶自賛」として紹介しています。近代の数寄者たちは、京都や奈良から由緒のある茶室を自邸に移築し、茶会を楽しんでいました。また茶室を新築する上でも工夫を凝らしており、関東に残る田舎屋風の茶室は、彼らの流行の産物です。中でも篝庵の「白紙庵」は、「寸松庵」と「西本願寺本三十六人家集（一部は「石山切《いしやまぎれ》」となる）」という二つの古典的名品に取材しながら、それまでにない破天荒な茶室を創造したという点が重要です。古典的茶室を写すだけでは面白くありませんが、斬新なものを作るだけでも知的とはいえません。古典

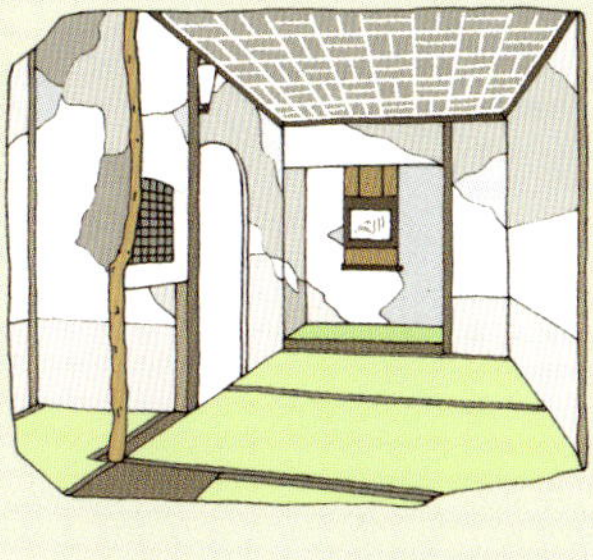

を再解釈してまったく別のものにしてみせる、箒庵はその教養と知性によってお客を驚かせようとしたのです。残念ながら「寸松庵」の本歌は関東大震災で、「白紙庵」は戦災で焼失してしまい、この二つの茶室は写真にのみ残されています。

参考：『東都茶会記 一』（淡交社 平成元年）

高橋箒庵　たかはし そうあん

文久元年～昭和十二年（1861～1937）。名は義雄。慶応義塾に学び、卒業後は時事新報に入社。外遊後、三井銀行に入行。以降、井上世外（馨）・益田鈍翁（孝）の下で三井系の会社に勤めたが、五十一歳で実業界を退く。三十代から茶の湯に親しみ、大師会・和敬会の会員として活躍。政財界の側面史である『萬象録』、茶会見聞録である『東都茶会記』『大正茶道記』や、名物記の『大正名器鑑』など多くの編著書を残した。財閥系の数寄者の理論的指導者でもあった。

小澤宗誠（おざわ そうせい）

裏千家正教授。川村学園女子大学講師。裏千家学園で茶道を修養後、平塚市、六本木の稽古場で指導するほか、淡交カルチャー教室（東京）、青山グリーンアカデミーでも灰形、茶花、茶事などを指導。神奈川県平塚市在住。

本間宗寿（ほんま そうじゅ）

裏千家名誉師範。淡交会京都南支部参与。直心会会員。近畿第一地区委員長・京都南支部幹事長・学校茶道連絡協議会委員長などを歴任。幼稚園から大学まで、広く学校茶道の普及に尽力している。京都府京田辺市在住。

榎本宗白（えのもと そうはく）

裏千家準教授。淡交会東京第一西支部。東京都市大学非常勤講師。裏千家学園で修養後、代々続く稽古場を中心に学校や企業などで指導に当たる。淡交カルチャー教室（東京教室）では茶事を指導している。東京都葛飾区在住。

淡交テキスト
稽古と茶会に役立つ
実践 取り合わせのヒント5

発行者　納屋嘉人

発行所　株式会社 淡交社
本社　〒603-8588 京都市北区堀川通鞍馬口上ル
TEL(075)432-5151[営業]・432-5161[編集]
支社　〒162-0061 東京都新宿区市谷柳町39-1
TEL(03)5269-7941[営業]・5269-1691[編集]

印刷・製本　NISSHA株式会社

ISBN978-4-473-04215-6

淡交社ホームページ　www.tankosha.co.jp

ISBN978-4-473-04215-6
C2376 ¥600E

定価：本体600円＋税

登龍門

いずれが菖蒲、杜若

葵祭

淡交テキスト五月号 第三種郵便物承認 平成30年5月1日発行 通巻557号